Geschenke verpacken

Tolle Ideen für viele Anlässe

Gesamtherstellung: Naumann & Göbel Verlagsgesellschaft mbH, Köln

ISBN 3-625-10836-4

Geschenke verpacken

Tolle Ideen für viele Anlässe

Inhaltsverzeichnis

Geschenke kreativ verpacken

Einleitung

Ein Geschenk wird durch seine Verpackung erst zum eigentlichen Geschenk. Denn ein in der Regel eher schmuckloses Geschenk erhält durch seine Verpackung das entscheidende „Outfit", das die Blicke auf sich zieht und neugierig auf den Inhalt macht. Und die Art der Verpackung kann man ganz individuell auf den Inhalt des Päckchens oder den Beschenkten abstimmen. Für ein Silberhochzeitspaar gibt es genauso eine passende Geschenkverpackung wie für den Weltenbummler, der für einige Monate in die Fremde zieht.

Die Auswahl an Verpackungsmaterialien ist groß. Sie beginnt beim Geschenkpapier, das mit einer einfachen oder ausgefallenen Schleife verziert wird und endet beim Miniatur-Strikkpullover, der einen Gutschein oder eine kleine Überraschung enthält. Dazwischen gibt es Dosen, Schachteln, Tontöpfe, Pinguine und für besonders „Kriminelle" was Fesselndes.

Je nach Anlass, ob für die Festivität im Jahreslauf, für den Kindergeburtstag oder einfach nur als kleines Mitbringsel – dieses Buch enthält eine reichhaltige Auswahl hübscher und dekorativer, einfacher und lustiger, edler und ausgefallener Verpackungsideen für Ihr ganz persönliches Geschenk. Sehen Sie selbst!

Materialien

Zum Basteln unserer Geschenkverpackungen brauchen Sie folgendes

Grundmaterial

Papierschere, Bleistift, Klebefilm, Klebestift, Heißklebepistole mit Klebepatronen, Kopierpapier zum Abpausen der Vorlagen (soweit vorhanden).

Karton und Papiere

Zum Verpacken der Geschenke gibt es im Handel eine große Auswahl an Geschenkpapieren. Suchen Sie sich hier das schönste aus. Unsere Papiere sind nur Vorschläge. Relativ verbindlich sind die Angaben zu: einfarbigen Papieren und bestimmten Kartonarten, wie zum Beispiel Seidenpapier, Maulbeerseidenpapier, Wellkarton, Tonpapier und -karton oder bestimmte Folien. Im Einzelfall ist angegeben, welche Papiere und Folien Sie brauchen. Wenn Sie wollen, können Sie auch auf einfaches Packpapier oder Tapetenreste zurückgreifen, je nach Anlass. Besonders reizvoll ist es, Papier selbst zu gestalten, also es zu bemalen oder zu bekleben. Wir haben im Kapitel Kindergeschenke einige Beispiele aufgeführt.

Schleifen und Bänder

Zu fast jedem Geschenk wird ein passendes Band verwendet. Geschenk- und Schleifenbänder gibt es zahlreich im Fachgeschäft zu kaufen – von breit bis ganz schmal. Sehr beliebt sind hier die so genannten Zwirbelbänder, die man mit der Schere „zwirbeln“ kann, sodass sie sich spiralförmig drehen. Zum Einschneiden der Zwirbelbänder gibt es den Fransenschneider, mit dem die Bänder in hauchdünne Streifen geschnitten werden.

Sonstige Accessoires

Zum weiteren Verzieren der Geschenke brauchen Sie Holzperlen, Pailletten, Strohmatten, Moosgummi, Cocktail-Spieße, Spielzeug und etwas ganz Ausgefallenes: Handschellen und ein Vorhängeschloss. Ihrer Fantasie sind bei der Auswahl von weiteren Anhängseln und Deko-Stücken keine Grenzen gesetzt. Alle Accessoires sind in Baumärkten, Dekoläden und Bastelgeschäften erhältlich.

Zu den Vorlagen

Die Vorlagen können Sie mit Kopierpapier und Bleistift aus dem Buch abnehmen und auf das entsprechende Material übertragen. Sie können sie aber auch auf einem Kopierer abkopieren und danach ausschneiden. Das ist besonders für die bereits fertig gestalteten Vorlagen (CD, Bücher, Ostern) von Vorteil. Sie können die Vorlagen je nach Bedarf auch vergrößern oder verkleinern.

Und nun viel Spaß beim Verpacken und Verschenken!

Verpackungen für kleine Mitbringsel

Was Sie brauchen:

1 Stück Stoff (durchsichtig) oder einen fertigen Flaschen-Mantel (Deko-Laden), 1 Kunststoff-Zweig mit Beeren und/oder Blüten, Zwirbelband, Schere

Was Sie brauchen:

1 Strohmatte (Bastelladen) oder 1 Tisch-Set, 1 Kunststoff-Zweig mit Beeren und/oder Blüten, bunte Kordel (dünn), Sisalkordel, Schere

Wein-Mantel, Stroh-Rum

1. Den Stoff zuschneiden und um die Flasche wickeln Am Flaschenhals mit dem Zwirbelband zuknoten.

2. Mit einem weiteren Knoten am Flaschenhals den Zweig befestigen. Der Boden bleibt bei der Stoff-Variante offen.

Tipp: Bei einem fertigen Flaschen-Mantel (mit Boden) kann man die Flasche einfach einstecken. Mit Flaschentüten aus Papier (die man überall kaufen kann), kann man genauso verfahren.

1. Die Strohmatte passend zuschneiden und die Fäden am Ende verknoten (um zu verhindern, dass sich die Matte auflöst). Die zugeschnittene Strohmatte um die Flasche wickeln. Die Sisalkordel mehrmals um die Flasche wickeln und mit einem Knoten fixieren.

2. Einige Strohhalme von der übrig gebliebenen Matte lösen und mit der bunten Kordel zu Bündeln zusammenschnüren. Den Kunststoff-Zweig zwischen Matte und Sisalkordel einstecken. Die Bündel an die Sisalkordel knoten.

Was Sie brauchen:

Bunter Teller oder Schale, durchsichtige Folie, 4 bunte Filz-Streifen (5 cm x 15 cm), Zwirbelband, Fransenschneider, Zackenschere, Süßigkeiten nach Geschmack

Süsse Sachen

1. Den Teller mit Süßigkeiten belegen und auf die durchsichtige Folie stellen. Die Folie vorher so zuschneiden, dass der Teller oder die Schale damit eingewickelt werden können.
2. Alle 4 Ecken der Folie mit einer Hand nach oben halten (funktioniert am besten, wenn man die jeweils gegenüberliegenden Ecken nacheinander hochnimmt) und die Folie mit der anderen Hand darunter zusammendrücken.
3. Nun die Ecken loslassen und die Folie mit einem kleinen Stück Zwirbelband zubinden. 3 Stück Zwirbelband auf eine Länge von ca. 50 cm schneiden und alle zusammen um den Knoten binden.
4. 2 Filzstücke vor den Knoten legen und mit einem weiteren Knoten fixieren. Die Enden der Filzstücke mit der Zackenschere beschneiden.
5. Die Zwirbelbänder mit der Schere (nicht mit der Schneidekante) zwirbeln und mit dem Fransenschneider die Bänder teilen.

Tipp: Schön sieht es aus, wenn Sie noch Süßigkeiten in die Zwirbelbänder mit einknoten.

Was Sie brauchen:

Buntes Papier, Lupe (Vorlage), Fragezeichen-Streifen (Vorlage), Zwirbelband, Klebstoff, Schere, Fransenschneider

Was Sie brauchen:

Buntes Papier, Schleifenband, bunte Papierschnipsel, 3 verschiedene Bänder, 3 verschiedene Stickbänder, 4 Perlen mit Löchern, Laminierfolie (6 cm x 15 cm), Laminiergerät, Locher

BÜCHER, DIE ZEICHEN SETZEN

1. Einen spannenden Krimi in das bunte Papier einpacken.
2. Die Vorlagen (siehe Seite 90/91) kopieren, ausschneiden und mit Klebstoff auf dem Papier befestigen.
3. Das Zwirbelband um das Buch legen, verknoten und mit dem Fransenschneider an den Enden teilen.

A

B

1. Das Buch in das bunte Papier einpacken und mit dem Schleifenband verzieren.
2. Für die Lesezeichen die bunten Papierschnipsel in die Laminierfolie legen und laminieren.
3. Nun die Folie entlang der Papierschnipsel-Silhouette nachschneiden. Mittig an der oberen Kante lochen.
4. Die Bänder/Stickbänder entweder flechten oder zusammenknoten (Länge ca. 20 cm) und am Ende mit Perlen versehen. Die Perlen mit Knoten fixieren.
5. Die fertigen Bänder durch das zuvor gestanzte Loch ziehen und verknoten. Die Lesezeichen auf das Päckchen in die Schleife stecken.

Was Sie brauchen:

Bastmatte (20 cm x 50 cm) oder Tisch-Set aus Bastmaterial (Kurzwaren), 4 Holz-Stöckchen (Länge 30 cm), Schleifenband, Zwirbelband, Kordel, Schere, Klebefilm

Blühendes Erlebnis

1. Die Bastmatte (bzw. das Tisch-Set) an den Rändern aufschneiden. Einzelne Basthalme herauslösen, bis ein ca. 2 cm breiter Rand entsteht.

2. Die Matte so um den Blumentopf wickeln, dass eine Ecke der Matte nach oben steht (konische Form).

3. Nun mit der Kordel die Matte mehrmals umwickeln, die Kordel festknoten. Die überstehende Matte entlang des Topf-Bodens abschneiden.

4. Die Schleife mit dem Zwirbelband an die Kordel binden.

5. 3 Holz-Stöckchen in den Blumentopf stecken und mit Zwirbelband umwickeln (festkleben). Ein Holz-Stöckchen teilen und in die Kordel zu der Schleife stecken.

Tipp: Sie können auf diese Weise auch einen Blumenstrauß oder ein schönes Gesteck verpacken.

Klingende runde Scheiben

Was Sie brauchen:

Schwarzes Papier, Moosgummi-Musikinstrumente, z.B. Saxophon, Trompete (Bastelladen), Faserschreiber in Silber, Schere, Klebefilm, Klebestift, Heißkleber

1. Die CD in schwarzes Papier einpacken und zukleben.
2. Mit den Klaviertasten (siehe Vorlage Seite 90) und den Moosgummi-Musikinstrumenten bekleben.
3. Mit dem Filzstift Noten auf die eingepackte CD malen.

Was Sie brauchen:

Buntes Papier, 2 Eisschirmchen, 1 kleiner Deko-Lampion, 1 kleines Stück Strohmatte (Bastelladen), buntes Zwirbelband, Schere, Fransenschneider für Zwirbelband, Heißkleber

1. Die CD in das bunte Papier einpacken. Die Strohmatte passend zuschneiden und die Fäden am Ende verknoten (um zu verhindern, dass sich die Matte auflöst). Die Strohmatte auf das Papier kleben.
2. Mit dem bunten Zwirbelband die CD umwickeln und verknoten und mit der Schere (nicht mit der Schneidekante) zwirbeln. Mit dem Fransenschneider die Bänder teilen.
3. Den kleinen Deko-Lampion auf die Kante der Strohmatte kleben, Eisschirmchen in den Deko-Lampion stecken.

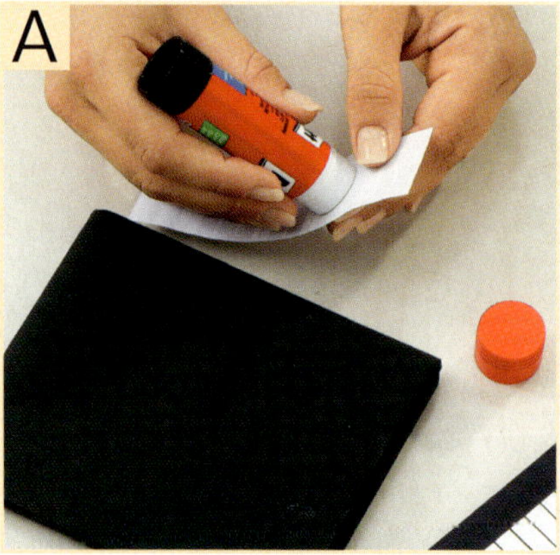

05
ABI
5 EURO
10
20 EURO
50 EURO
100 EURO
200 EURO
500 EURO

Was Sie brauchen:

1 Mausefalle, 1 Spielzeugmaus (Zoohandlung), Wellpappe (14 cm x 15 cm), Heißkleber

Was Sie brauchen:

1 Jutesack (Bastelgeschäft), Sisalkordel, Holzbuchstaben und -zahlen (Bastelgeschäft), Heißkleber

Ein Sack voller Mäuse

1. Die Mausefalle mit Heißkleber auf die Wellpappe kleben.
2. Die Maus dazusetzen. Die Mausefalle mit Geld füttern.

1. Den Jutesack mit Geld oder anderen Überraschungen füllen.
2. Anschließend den Sack mit Sisalkordel zubinden und die Buchstaben mit Heißkleber daran befestigen.

50
25
25
25

Verpackungen für festliche und besondere Gelegenheiten

Was Sie brauchen:

Weiße Strohseide, breites Band (ca. 17 cm breit) in Lila, buntes Schleifenband, weißes Schleifenband, Zwirbelband, Brautpaar in Vogelform (Dekoladen), Klebeset „Hochzeit“ (Schreibwarenladen), doppelseitiges Klebeband, Heißkleber, Bürotacker, Zackenschere

Vogel-Hochzeit

1. Das Paket in weiße Strohseide packen und mit dem breiten Schleifenband einmal umwickeln. Von dem breiten Band 40 cm abschneiden und längs durchschneiden. Die beiden durchgeschnittenen Hälften jeweils diagonal knicken und mit dem Bürotacker den Knick fixieren.
2. Die Teile auf das breite Schleifenband nach links und nach rechts ausgerichtet kleben.
3. Für die Strohseiden-Schleife 5–6 Lagen Strohseide (27 cm x 17 cm) zuschneiden und übereinander legen. Die Lagen mit den Händen in der Mitte zusammendrücken und dort mit dem Zwirbelband zusammenknoten.
4. Die Strohseiden-Schleife in die Mitte kleben. Schleifenbänder hinter die Strohseiden-Schleife kleben und die Enden nach vorne ziehen.
5. Das weiße Schleifenband mit dem Klebeset verzieren. Die bunten Bänder mit der Zackenschere beschneiden.
6. Zum Schluss das Vogel-Paar in die Mitte kleben.

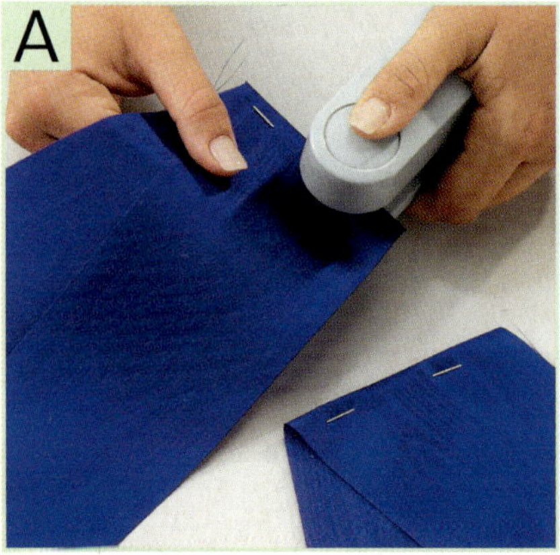

Felix
Julia
Laura

Was Sie brauchen:

Buntes Papier, einfarbiges Papier, 2 Namensschilder (Geschenkeladen), 2 Babyschnuller, Namensschild „Felix" (Vorlage), Schleifenband, Zwirbelband, 4 verschiedene Scoubidoubänder, doppelseitiges Klebeband, Klebefilm

Felix und die Zwillinge

1. Die Geschenke in einfarbiges Papier einpacken. Von dem bunten Papier einen breiten Streifen abschneiden.

2. Den Streifen auf die Vorderseite legen und die Kanten ca. 2 cm nach innen falten. Das geht am besten, wenn Sie beide Handflächen in der Mitte anlegen und sie dann nach links und rechts über den Papierstreifen ziehen. Dadurch wird der Papierstreifen automatisch so gefaltet, dass er gerade wird.

3. Den Papierstreifen auf das Päckchen kleben. 2 Streifen Schleifenband auf das Geschenk kleben.

4. Für das Zwillinge-Päckchen das Zwirbelband bündeln und auf dem Geschenk mit Klebefilm befestigen. Die beiden Schnuller an die Scoubidoubänder binden und an das Geschenk hängen. Die Namensschilder mit doppelseitigem Klebeband befestigen.

5. Für das Felix-Päckchen das Zwirbelband bündeln, Scoubidoubänder dazufügen und auf dem Geschenk befestigen.

6. Die Vorlage für den Namen (siehe Seite 92) ausschneiden und aufkleben. Den Namen des Babys in das weiße Feld schreiben.

Was Sie brauchen:

Gestreiftes Papier, buntes Papier, breites Band (ca. 17 cm breit), 2 verschiedene Schleifenbänder, verschiedene Zwirbelbänder, 4 Holzstöckchen, Happy Birthday (Vorlage), Herzlichen Glückwunsch (Vorlage), Tacker, Schere, Klebefilm, Klebestift, Fransenschneider für Zwirbelband

GEBURTSTAGSPARADE

1. Das Päckchen in das jeweilige Papier einpacken.
2. Für die breite Schleife ca. 50 cm breites Schleifenband so legen, dass sich die Schnittkanten decken. Die Enden jeweils oben und unten mit einem Bürotacker klammern.
3. Das Band in der Mitte wie eine Ziehharmonika zusammenfalten, mit einem Stück Zwirbelband verknoten und aufkleben.
4. Für das obere Päckchen aus den 2 verschiedenen Schleifenbändern jeweils eine einfache Schleife um das Päckchen binden.
5. Für die Zwirbelband-Schleife mehrere Fäden (10) Zwirbelband (ca. 60 cm) übereinander legen und in der Mitte mit Klebefilm zusammenkleben. Eine Seite der Schleife mit dem Fransenschneider teilen. An der großen Schleife befestigen. Holzstöckchen durch die Schleifen stecken
6. Die Vorlagen (Happy Birthday/ Herzlichen Glückwunsch, siehe Seite 91) ausschneiden und auf die Päckchen kleben.

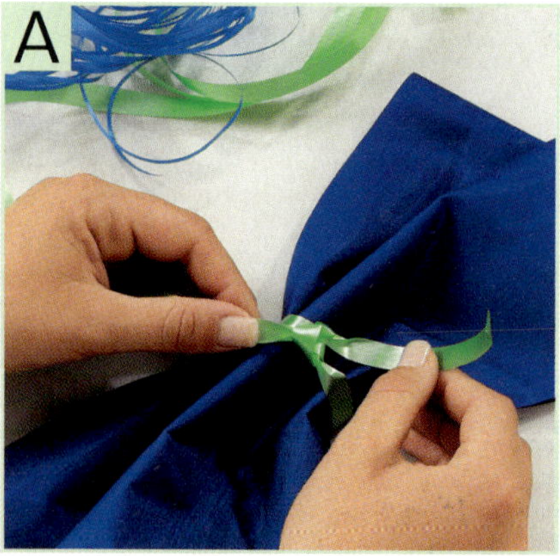

LICHEN
WUNSCH
Happy Birthday

Was Sie brauchen:

Farbiges Papier, Schleifenband, Zwirbelband, Fisch groß oder klein (Vorlage), Schere, Klebestift, 1 Glückwunschkarte, Fransenschneider

Was Sie brauchen:

Halstuch, türkisfarbenes Schleifenband, goldfarbenes Schleifenband , 1 Glückwunschkarte (Schreibwarenladen), Schere

KOMMUNION/KONFIRMATION

1. Das Geschenk in farbiges Papier wickeln.
2. Das Schleifenband einmal längs um das eingepackte Geschenk legen, am Boden die Enden überkreuzen und quer wieder nach oben führen. Mit einer einfachen Schleife schließen.
3. Auf eine Seite des Schleifenbandes Zwirbelband kleben. Mehrere Stücke Zwirbelband in der Mitte zusammenknoten und mit dem Fransenschneider aufschneiden. Unter den Schleifenknoten kleben.
4. Die größenmäßig passende Fisch-Vorlage (siehe Vorlage Seite 93) kopieren, ausschneiden und aufkleben. Die Karte unter das Schleifenband schieben.

1. Das Halstuch mittig unter das Geschenk legen. Die Tuchenden jeweils diagonal in die Mitte des Geschenkes ziehen und zuknoten.
2. Türkisfarbenes Schleifenband unter den Tuchknoten ziehen und mit einer Schleife schließen.
3. Genauso mit dem goldenen Schleifenband verfahren. Die Karte schräg unter die Schleife legen.

ZUR KONFIRMATION
ZU DEINER
KONFIRMATION

Was Sie brauchen:

Weiße Stroh-Seide, 1 DIN-A4-Bogen einfarbige Strohseide, silber- oder goldfarbenes Schleifenband, dünnes silbernes Schleifenband, Zwirbelband, Hochzeitstorte, Zahlenkränze (beides Dekoladen), Klebeset „Hochzeit" (Schreibwarenladen), doppelseitiges Klebeband, Bürotacker, Heißkleber, Klebefilm, Fransenschneider

SILBER- UND GOLDHOCHZEIT

1. Das Geschenk in weiße Strohseide packen. Von dem uni DIN-A4-Bogen Strohseide ca. 10 cm längs abschneiden und auf das Geschenk kleben.

2. Breites Schleifenband einmal um das Geschenk legen und die Enden festkleben. Das restliche Papier des DIN-A4-Bogens zweimal längs zur Hälfte falten. In der Mitte knicken, sodass eine Art Fächer entsteht. Das Ganze mit einem Bürotacker klammern und auf das Geschenk kleben.

3. Breites Schleifenband knicken und mit dem Bürotacker klammern. Rechts neben das gefaltete Strohseidenpapier kleben.

4. Für die Zwirbelband-Schleife mehrere Fäden (10 x ca. 60 cm) übereinander legen und in der Mitte mit Klebefilm zusammenkleben. Die Hälfte der Fäden mit dem Fransenschneider teilen und zwischen Strohseide und Schleife kleben.

5. Aus dem dünnen silbernen Schleifenband eine einfache Schleife binden und aufkleben. Die Hochzeitstorte mittig drapieren und alles mit dem Klebeset dekorieren.

6. Die Zahlenkränze in die Mitte der Schleife stecken.

A

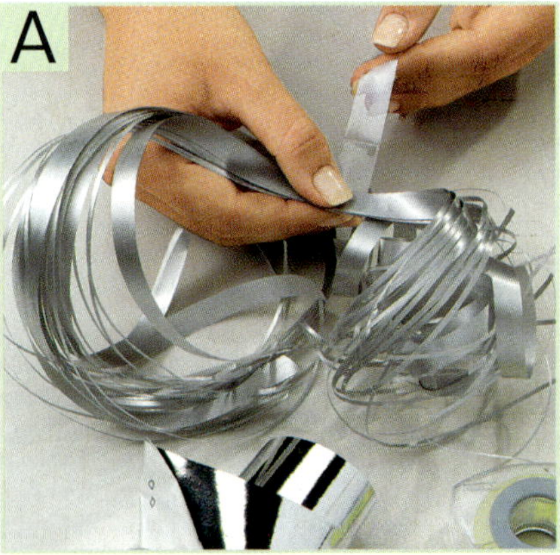

B

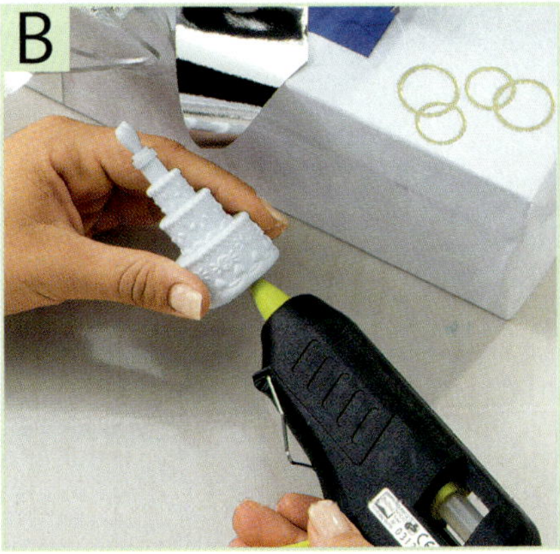

50

HERZLICHEN GLÜCKWUNSCH!

Was Sie brauchen:

Geschenkkarton in Schwarz, schwarze Wellpappe, schwarze Pappe (10 cm x 20 cm), weiße Pappe oder Tonpapier, rotes Schleifenband, Spielzeugauto (Spielwaren), Verkehrsschilder (Dekoladen), Herzlichen Glückwunsch (Vorlage), doppelseitiges Klebeband, Heißkleber, Klebestift, Schere

Fahrschule ade!

1. Den Deckel des Kartons mit der schwarzen Wellpappe bekleben. Auf die Wellpappe den schwarzen Streifen Pappe kleben.
2. Aus der weißen Pappe die Spurstreifen schneiden und mittig auf die „Strasse" kleben (doppelseitiges Klebeband).
3. Das Schleifenband über die „Strasse" legen und die Enden des Schleifenbandes auf der Rückseite des Deckels befestigen.
4. Die Vorlage „Herzlichen Glückwunsch" (siehe Seite 91) kopieren, ausschneiden und auf die untere Spur der Strasse kleben.
5. Das Spielzeugauto mit Heißkleber auf die Strasse bringen. Die Verkehrsschilder seitlich verteilen und festkleben.

1. Das Geschenk in Alu-Papier einpacken. Von dem weihnachtlichen Papier einen breiten Streifen abschneiden. Den Streifen auf die Vorderseite legen und die Kanten ca. 2 cm nach innen falten. Den Papierstreifen auf das Geschenk kleben.

2. Von dem glänzenden Schleifenband etwa 1,50 m abschneiden. An einem Bandende eine Schlaufe formen und festkleben. Nun das Band in immer größer werdenden Achten legen, sodass rechts und links neben der ersten weitere Schlaufen entstehen. Die letzte Schlaufe festkleben. Die Schleife auf den Streifen kleben.

3. Die Sterne (siehe Seite 94) auf farbiges Papier kopieren, ausschneiden und die Kontur mit dem goldenen Faserschreiber nachzeichnen. Unten und oben an das Geschenk kleben.

4. Für das zweite Päckchen das breite Schleifenband um das eingepackte Geschenk wickeln und die Enden festkleben. Das dünne Schleifenband auf das breite Band legen, um das Geschenk wickeln und mit einem Knoten fixieren.

5. Für die Schleife ca. 50 cm breites Schleifenband so falten, dass die Enden auf der Rückseite zusammenkommen. Die Enden mit einem Bürotacker klammern. Auf den Knoten des dünnen Bandes legen und dieses mit einer Schleife schließen.

6. Den Weihnachtsbaum (Vorlage siehe Seite 95) kopieren, ausschneiden, die Kontur mit dem goldenen Faserschreiber nachzeichnen und auf das Geschenk kleben.

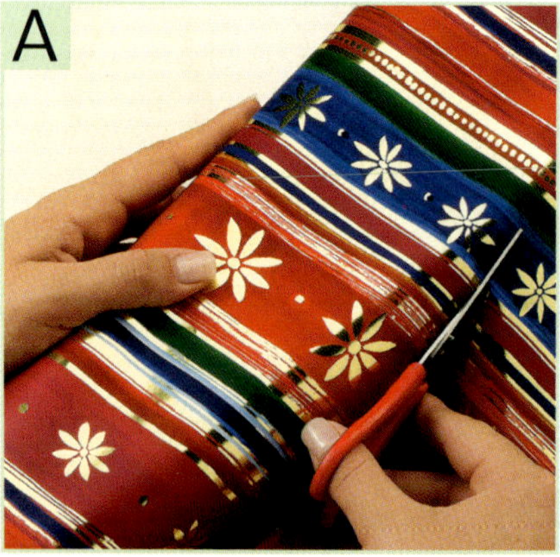

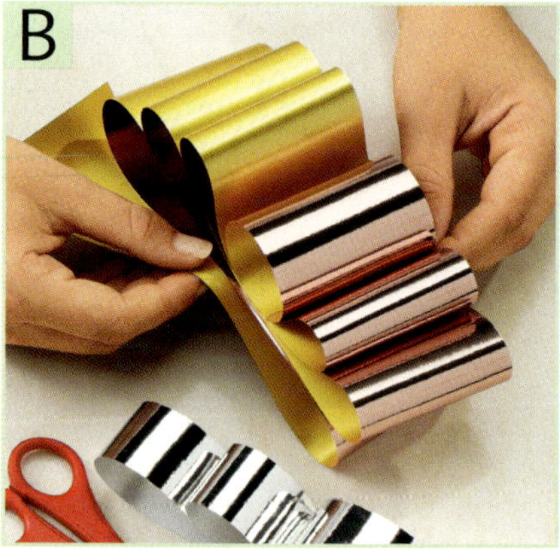

Was Sie brauchen:

Glänzendes Alu-Papier, einfarbig, weihnachtliches Papier, glänzend), breites glänzendes Schleifenband, rotes und grünes Papier für Stern (Vorlage), Faserschreiber in Gold, Heißkleber, Schere

Für Geschenk mit Baum zusätzlich:
Dünnes Textilband, Tacker, Vorlage Baum

Was Sie brauchen:

Buntes Papier, einfarbiges Papier, Schleifenband, Sisalkordel, Zwirbelband, Korkplatte (Bastelladen), Eierdruck (Vorlage), Fransenschneider für Zwirbelband, Schere, Heißkleber

Was Sie brauchen:

Einfarbiges Papier, buntes Papier, Zwirbelband, Eierdruck (Vorlage), Fransenschneider für Zwirbelband, Schere, Klebefilm, Heißkleber

Fröhliche Ostern

1. Das Geschenk in Blumenpapier einpacken. Von dem einfarbigen Papier einen breiten Streifen abschneiden. Den Streifen auf die Vorderseite legen und die Kanten ca. 2 cm nach innen falten. Den Papierstreifen auf das Geschenk kleben.

2. Die Sisalkordel 2x um das Geschenk wickeln und mit einem Knoten befestigen. Schleifenband an der Kordel festknoten, eine einfache Schleife binden und ein Ende unter den Sisalknoten durchziehen.

3. Zwirbelband bündeln und mit dem Fransenschneider teilen. Das Bündel an der Sisalkordel anknoten.

4. Den Eierdruck (siehe Seite 95) kopieren. Aus der Korkplatte 2 Eier (ca. 9 cm) schneiden und mit dem Eierdruck bekleben, auf das einfarbige Papier kleben.

1. Von dem einfarbigen Papier einen breiten Streifen abschneiden. Den Streifen auf die Vorderseite legen und eine Kante ca. 15 cm nach innen falten. Mit Klebfilm fixieren.

2. Jetzt das umgefaltete Papier bis zur geklebten Kante in ca. 1,5 cm breite Streifen schneiden. Das Papier am Boden der Dose anlegen und die Dose damit einwickeln, das Ende zukleben.

3. Das Papier oben zusammenschnüren und mit einem Bündel Zwirbelband verknoten. Mit dem Fransenschneider einen Teil des Bandes teilen.

4. Aus dem bunten Papier einen Streifen schneiden und auf die Dose kleben. Eierdruck-Vorlage (siehe Seite 95) kopieren, ausschneiden und aufkleben.

Was Sie brauchen:

Glänzendes Alu-Papier, breites glänzendes Schleifenband, verschiedene Cocktail-Deko-Spieße, Jahreszahl (Schreibwaren), Klebefilm, Heißkleber

SILVESTER-GLIMMER-COCKTAI

1. Die Flasche mit dem glänzendem Alu-Papier einwickeln. Das Papier in die Mulde des Flachenbodens einstecken und festkleben. Den oberen Teil des Papiers bis zum Korken umknicken und festkleben.

2. Breites Schleifenband um die Flasche kleben. Die Jahreszahl auf das Band kleben.

3. 4 der Cocktail-Deko-Spieße hochkant in das Band stecken, die anderen waagerecht in die Schlaufe am Korken stecken.

Tipp: Diese flitternde Silvester-Verpackung lässt sich nicht nur für Flaschen, sondern auch für viele andere Gegenstände verwenden.

A

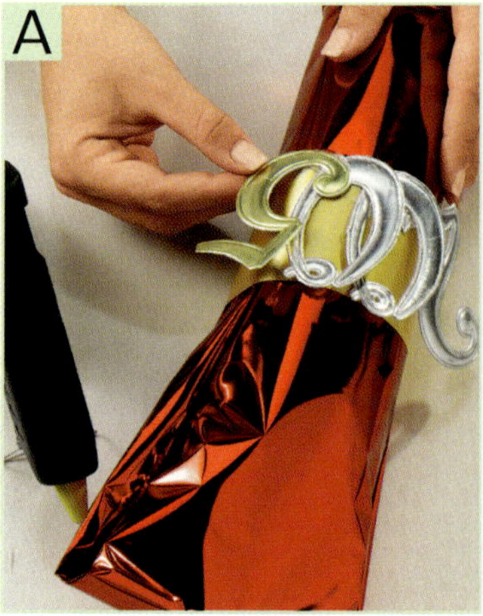

B

2005

Stufe 4
1 : 30
Mischverhältnis
Trautes Hei

Was Sie brauchen:

Schuhkarton, Farbrolle, Küchenpapier, verschiedene Pinsel (gebraucht), Polsterfolie (20 cm x 23 cm), 1 Blatt Küchenpapier, 1 Scoubidouband, Farbe, Farbwanne

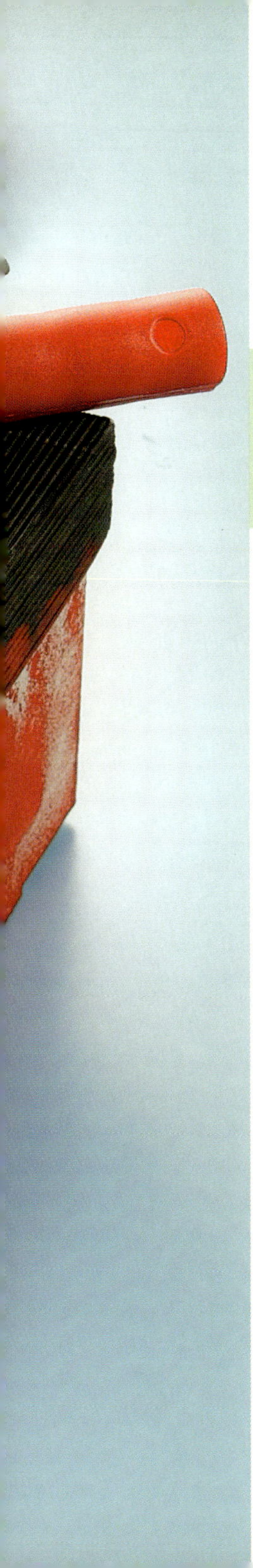

Farbkiste zum Umzug

1. Den Schuhkarton mit der Farbrolle bemalen und mit einem Pinsel die Schrift auf den Karton bringen.
2. Die Farbrolle auf Küchenpapier ausrollen. Nicht auswaschen! Alles gut durchtrocknen lassen, am besten über Nacht.
3. Das Scoubidouband um den Karton wickeln und festknoten, dann die Rolle und die Pinsel nacheinander dazuknoten.
4. Das Küchenpapier und die Polsterfolie übereinander legen und ebenfalls mit dem Scoubidouband zuknoten, auf den Karton kleben.

Tipp: Statt den Schuhkarton zu bemalen, können Sie ihn auch mit bunten Tapetenresten oder einigen Teppichbodenschnipseln bekleben.

Was Sie brauchen:

Landkarten Ägypten und Afrika, Spielzeugflugzeug, schwarzes Schleifenband, schwarzes Zwirbelband, sandfarbenes Tonpapier, Kopierpapier, Schere, Bleistift, Klebestift, Heißkleber

Für Afrika zusätzlich: *Spielzeugtiere*

FERNREISEVERKEHR

1. Das Geschenk mit der Landkarte einpacken und mit dem Schleifenband umkleben.
2. Mit dem Zwirbelband das Spielzeug-Flugzeug anknoten und die Enden um das andere Band wickeln.
3. Aus einem Stück Landkarte einen Fächer falten, unter das Band schieben und festkleben.
4. Die 2 Pyramiden nach der Vorlage (siehe Seite 94) kopieren, aus Tonpapier ausschneiden, falten und mit Heißkleber aufkleben.
5. Für das Afrika-Geschenk die Spielzeugtiere mit Heißkleber auf dem Geschenk befestigen.

MÉDENINE

Was Sie brauchen:

Uni-Papier, 1 Packung Liebeskummerpillen (Geschenke-Laden), Pflaster, Pillen (Traubenzucker), buntes Krepppapierband, Zwirbelband, Herzen (Vorlage), Heißkleber, Schere

Was Sie brauchen:

Uni-Papier, Verbandsbinde, 2 Klammern, Pillen (Traubenzucker), Hustenbonbons, Kreuz (Vorlage), Heißkleber, Schere

Zur baldigen Genesung

1. Das Geschenk in einfarbiges Papier wickeln. Die Liebeskummer-Pillenpackung auf das Geschenk kleben. Einzelne Pillen auf die Packung kleben.

2. Das Kreppband um das Geschenk wickeln und mit dem Zwirbelband zuknoten.

3. Pflaster zurechtschneiden und auf die Kanten kleben.

4. Die Herzen (siehe Seite 95) kopieren, ausschneiden und ebenfalls aufkleben.

1. Das Geschenk in einfarbiges Papier einpacken. Die Mullbinde um das Paket wickeln und mit den Klammern befestigen.

2. Die Vorlage für das Kreuz (siehe Seite 92) kopieren, ausschneiden und auf die Binde kleben.

3. Das Päckchen mit Pillen und Hustenbonbons dekorieren.

liebeskummerpillen
mit Ratgeber
Ricola

Herzlichen Glückwunsch!
Horoskop
Rund 13 Milliarden Euro mussen nachfinanziert werden
Hoffnungsträger
Kapital-Leben

Verpackungen aus einfachen Materialien

Was Sie brauchen:

1 Halstuch oder Stoffrest (quadratisch), Holzstäbe

Was Sie brauchen:

1 Halstuch oder Stoffrest (quadratisch), Holzstäbe, Reste Schleifenband, Schere

TEXTIL VERHÜLLT

1. Das Halstuch mittig unter das Geschenk legen. Die Tuchenden jeweils diagonal in die Mitte des Geschenkes ziehen und zuknoten.

2. Die Holzstäbe unter dem Knoten hindurchschieben.

1. Das Halstuch oder den Stoffrest mittig unter das Geschenk legen. Die Tuchenden jeweils diagonal in die Mitte des Geschenkes ziehen und zuknoten.

2. Zwei Schleifenbänder à 23 cm zuschneiden. Beim letzten Knoten die beiden Schleifenbänder mit einknoten.

3. Die Holzstäbe unter dem Knoten hindurchschieben.

Was Sie brauchen:

2 Küchentücher, 1 Stück Pappe (10 cm x 30 cm), 1 Kochlöffel, 1 Schneebesen, 1 Topfkratzer, 3 Klammern, Kordel, Schere

Was Sie brauchen:

1 Glas, 1 Küchentuch, 1 Kochlöffel, 1 Bürste, 1 Topfkratzer, 2 Klammern, Kordel, Schere

Nützliche Küchenhelfer

1. Ein Küchentuch auf eine Breite von ca. 10 cm falten. Die Pappe zur Verstärkung mit einlegen.
2. Das andere Küchentuch auf die gleiche Breite falten, jedoch nur halb so hoch.
3. Den Topfkratzer auseinanderziehen und damit die beiden Küchentücher zusammenbinden. Zusätzlich noch mit Kordel versehen.
4. Kochlöffel und Schneebesen zwischen die Küchentücher stecken und die Klammern anbringen.

1. Das Glas mittig in das letzte Drittel des Küchentuches platzieren. Die beiden nahe legenden Enden des Küchentuches in das Glas einstecken.
2. Den Rest des Küchentuches zur Mitte falten und das Ende ebenfalls in das Glas stecken. Dadurch entsteht eine Falte, die etwas zurechtgezupft werden muss.
3. Kochlöffel und Bürste in das Glas stecken und das Ganze mit Topfkratzer und Kordel einknoten.
4. Zum Schluss die Klammern anbringen.

Was Sie brauchen:

Servietten mit buntem Dekor, Zwirbelband, Holzstäbchen, Schere, Klebefilm

Fächerparade mit Servietten

1. Die Geschenke mit verschiedenen Servietten einpacken.

2. Aus einer Serviette einen Fächer und eine Fächerschleife falten und mit Zwirbelband auf den Paketen befestigen.

3. Die Holzstäbchen als Deko unter das Band stecken.

Tipp: Diese Verpackungsart kann man unbesorgt den Jahreszeiten anpassen. Dann einfach die Servietten entsprechend aussuchen – für Frühling, Ostern, Sommer, Herbst, Winter oder Weihnachten.

Was Sie brauchen:

1 Zeitung, bunte Pappe, Zwirbelband, Klebestift, Schere

Was Sie brauchen:

1 Zeitung, bunte Pappe, Krepppapierband, Zackenschere, Klebestift

SCHWARZ AUF WEISS

1. Das Geschenk in der Zeitung einpacken. Dabei eine besondere Seite aussuchen.

2. Einzelne Buchstaben, z.B. „Herzlichen Glückwunsch“ und das Horoskop des Geburtstagskindes ausschneiden und jeweils auf ein Stück Pappe kleben. Die Pappstücke auf das Päckchen kleben.

3. Das Geschenk mit Zwirbelband versehen.

1. Das Geschenk in eine Zeitungsseite einpacken.

2. Einen passenden Text in der Zeitung suchen und auf die Pappe kleben.

3. Die Pappe mit der Zackenschere ausschneiden. Das Päckchen mit Krepppapierband mehrmals umwickeln. Als letztes das Pappstück aufkleben.

Tipp: Hier können Sie die Zeitung oder Zeitschrift ganz nach dem Geschmack des Beschenkten aussuchen. Eher intellektuell oder mehr belletristisch. Vielleicht finden Sie auch eine Schlagzeile, die besonders passt.

Herzlichen Glückwunsch!
Horoskop
Lieblingsbuch
Lesen!

Was Sie brauchen:

Geschenkschachtel mit Motiv, Schleifenband, Schere

Was Sie brauchen:

Metalldose, schwarzes Schleifenband, orangefarbenes Schleifenband, Zwirbelband, Fransenschneider für Zwirbelband, Klebefilm

Aus Schachteln und Dosen

1. Die Schachtel mit Geschenken befüllen und einfach mit einem passenden Schleifenband umwickeln.

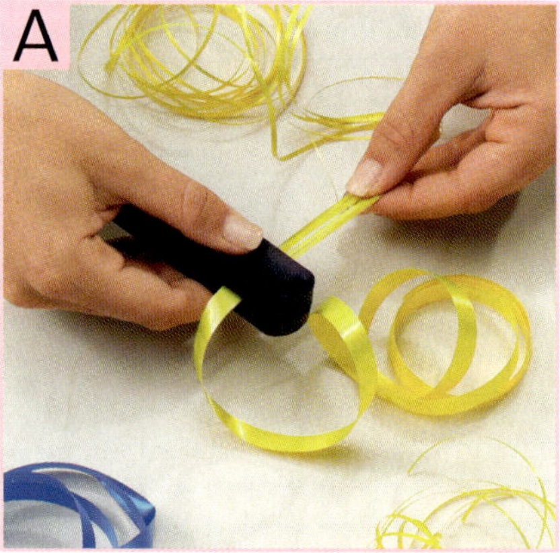

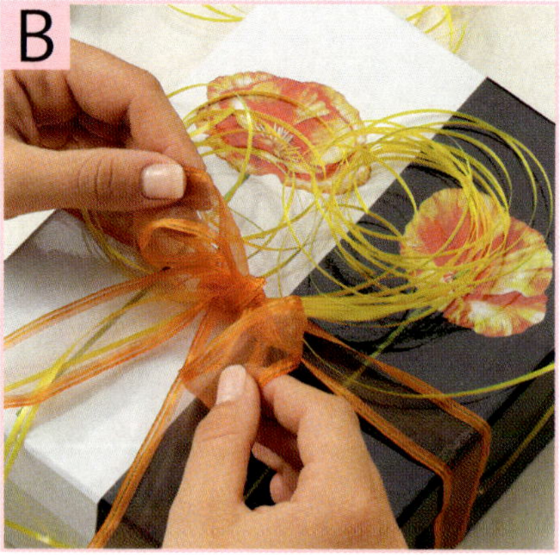

1. Die Dose mit dem schwarzen Schleifenband über Kreuz umwickeln und das Band am Boden festkleben.
2. 10 Bänder Zwirbelband in der Mitte mit Klebefilm fixieren und mit dem Fransenschneider teilen. Die Bänder in die Mitte des Deckels kleben, darauf die einfache Schleife aus dem orangefarbenen Schleifenband befestigen.

Tipp: Statt einer Geschenkschachtel können Sie auch einen Schuhkarton mit hübschem Papier bekleben. Als Dose nehmen Sie eine augediente Keksdose und bekleben sie.

Was Sie brauchen:

Grüne Strohseide, Juteband, bunte Kordel, 2 Blätter (gepresst), 1 Zweig (getrocknet), Schere, Heißkleber

Was Sie brauchen:

1 Strohmatte (Bastelladen) oder 1 Tisch-Set, Sisalkordel, bunte Kordel, Blätter (gepresst), 2 Zweige (getrocknet), Schere

Aus Wald und Wiese

1. Das Geschenk in Strohseide verpacken.
2. Das Juteband jeweils längs und quer auf das Papier kleben.
3. Das Ganze mit der bunten Kordel fixieren. Mit den gepressten Blättern und dem kleinen Zweig verzieren.

1. Die Strohmatte für das Geschenk passend zuschneiden. Einige Strohhalme von der Matte lösen und die Fäden am Ende verknoten (um zu verhindern, dass sich die Matte auflöst).
2. Die gelösten Strohhalme mit der bunten Kordel zu Bündeln zusammenschnüren.
3. Die zugeschnittene Strohmatte um das Geschenk wickeln. Die Sisalkordel mehrmals darum wickeln und mit einem Knoten fixieren.
4. Die Strohhalmbündel anknoten und die getrockneten Blätter und Zweige dazwischenstecken.

Was Sie brauchen:

1 Tontopf, buntes Papier, 1 Bogen Seidenpapier, Schleifenband, Zwirbelband, Fransenschneider für Zwirbelband, Klebefilm, Schere

Was Sie brauchen:

1 Tontopf, Schleifenband, Zwirbelband, Fransenschneider für Zwirbelband

TONTÖPFE EINMAL ANDERS

1. Von dem bunten Papier einen breiten Streifen abschneiden. Den Streifen mit der Vorderseite nach unten legen und das Papier ca. 15 cm nach innen falten. Mit Klebefilm fixieren.

2. Jetzt das umgefaltete Papier bis zur geklebten Kante in ca. 1,5 cm breite Streifen schneiden.

3. Das Papier am Boden des Topfes entlang anlegen und den Topf einwickeln. Die Fransen vorsichtig auseinanderziehen.

4. Schleifenband um den Topf wickeln und mit einer einfachen Schleife schließen. Zwirbelband um die Schlaufe knoten und mit dem Fransenschneider teilen.

5. Je nach Größe des Geschenkes den Topf mit Seidenpapier auslegen.

1. Um den Tontopf längs und quer einfache Schleifen binden.

2. Um die Schleifen Zwirbelband knoten und mit dem Fransenschneider teilen.

3. Das Geschenk auf das Papier legen, sodass die nach oben zeigende Papierseite mindestens 20 cm lang ist. Nun das Geschenk einpacken und verschließen. Das oben überstehenden Papier offen lassen, die Kanten glatt streichen, dann von oben nach unten wie eine Ziehharmonika falten. Den entstandenen Fächer an einer Seite oder in der Mitte festkleben.

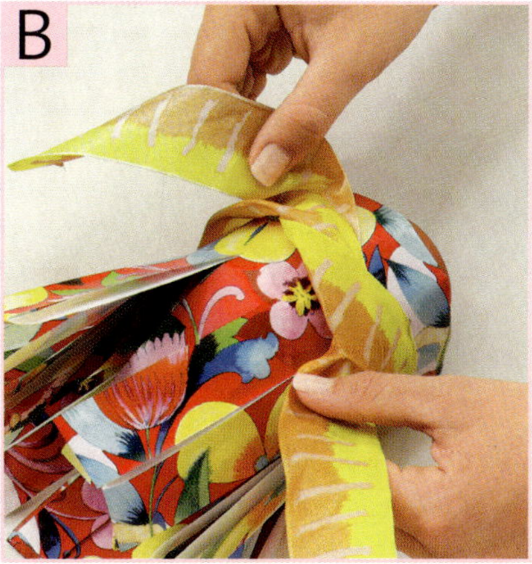

Verpackungen für Kinder-geschenke

Was Sie brauchen:

Wellpappe in Schwarz, Weiß, Rot und Gelb, Filz in Schwarz, Bürotacker, Heißkleber, rotes Seidenpaier, gelbes Zwirbelband, Transparentpapier, Schere, Bleistift, Stoffkleber

DER SCHWARZ-WEISSE PINGUIN

1. Die einzelnen Teile abpausen (Vorlagen siehe Seite 96) und auf Wellpappe übertragen.
2. Für den Körper die schwarze Wellpappe rollen und mit einem Bürotacker oben und unten klammern.
3. Die Füße am Ende anknicken und in der Innenseite der schwarzen Rolle ankleben. Den Bauch ca. 2 cm vom Rand entfernt auf den Körper kleben.
4. Die Flügel aus Filz ausschneiden und an die Kante des Bauches kleben.
5. Den Schnabel in der Mitte knicken und mit den Laschen ca. 2 cm oberhalb des Bauches an den Körper kleben.
6. Für die Augen erst die Pupillen auf die weißen Augäpfel kleben, dann die Augen am Körper befestigen.
7. Da der Körper keinen Boden hat, das Geschenk wie ein Bonbon extra in Seidenpapier packen und dann den Körper damit füllen. An beiden Enden mit Zwirbelband zubinden.

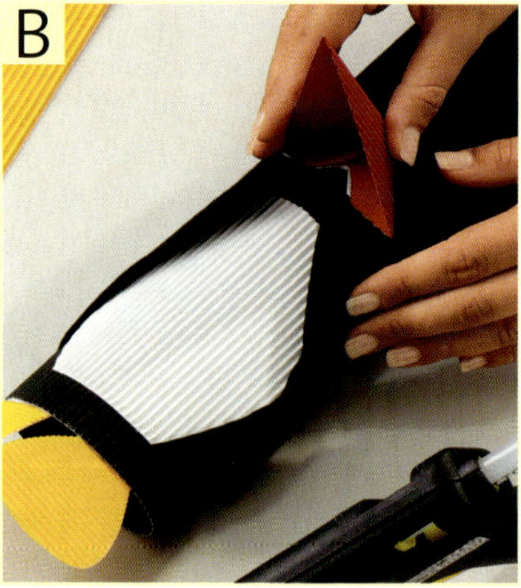

Was Sie brauchen:

Buntes Papier, einfarbiges Papier, Strohhalme, Luftballons, Plastik-Spiralen (Partyartikel), Heißkleber, Schere, Klebefilm

99 Luftballons...

1. Das Geschenk in buntes Papier einpacken. Von dem einfarbigen Papier einen breiten Streifen abschneiden.
2. Den Streifen mit der Vorderseite nach unten hinlegen und die Kanten ca. 2 cm nach innen falten. Das geht am besten, wenn Sie beide Handflächen in der Mitte anlegen und sie dann nach links und rechts über den Papierstreifen ziehen. Dadurch wird der Paperstreifen automatisch so gefaltet, dass er gerade wird. Den Papierstreifen auf das Geschenk kleben.
3. Die Geschenke mit aufgeblasenen Luftballons, Plastik-Spiralen und Strohhalmen schmücken. Die einzelnen Elemente entweder in den Papierstreifen stecken oder mit Heißkleber fixieren. Bei den Luftballons jedoch aufpassen. Da die Klebemasse heiß ist, nur den Knoten des Luftballons mit der heißen Klebemasse in Berührung kommen lassen.

Tipp: Bei der Auswahl der Luftballons können Sie beliebig variieren. Auch Luftballons in Tierform passen sehr schön zu dieser Verpackungsidee.

Was Sie brauchen:

Buntes Papier, einfarbiges Papier, Windräder (Vorlage), Tonpapier in verschiedenen Farben, Luftballons, Zwirbelband, Bürotacker, Heißkleber, Schere

Windrad zum Geburtstag

1. Das Geschenk in buntes Papier einpacken. Von dem einfarbigen Papier einen breiten Streifen abschneiden. Den Streifen mit der Vorderseite nach unten hinlegen und die Kanten ca. 2 cm nach innen falten. Den Papierstreifen auf das Geschenk kleben.

2. Die Windräder (siehe Seite 93) kopieren, aus einfarbigem Tonpapier ausschneiden und falten: Die Vorlage von den Ecken aus bis fast zur Mitte einschneiden. Von jedem Teil je eine Ecke in die Mitte biegen und festkleben.

3. Windräder auf das Geschenk kleben. In der Mitte der Windräder evtl. noch mit Heißkleber einen Luftballon befestigen (nur den Knoten des Ballons mit Heißkleber in Berührung kommen lassen!)

Tipp: Statt mit einem Luftballon können Sie die Mitte eines Windrades mit Zwirbelband schmücken. Außerdem können Sie einen Streifen Papier in Falten legen und aufkleben.

A

B

Was Sie brauchen:

Seidenpapier in Pink und Gelb,
blaues und grünes Zwirbelband,
Fransenschneider, Schere

Was Sie brauchen:

Buntes Papier,
verschiedenfarbiges Zwirbelband

Bonbons XXL

1. Das Seidenpapier, abwechselnd je eine Lage Pink und eine Lage Gelb, übereinander legen.

2. Das Geschenk mit den Lagen Seidenpapier umwickeln und an beiden Enden mit Zwirbelband zubinden.

3. Das Zwirbelband mit dem Fransenschneider teilen. Die beiden Papierenden des Bonbons mit der Schere in Streifen schneiden und auseinanderzupfen.

Tipp: Zum Verpacken der Bonbons eignen sich am besten weiches Seidenpapier, Folie oder Strohseide.

1. Wie bei der Himbeere das Geschenk mit dem Papier einwickeln und die Enden mit Zwirbelband zusammenbinden.

2. Bei normalem Geschenkpapier ist etwas Vorsicht geboten. Beim Zusammenziehen der Enden reißt das Papier gerne ein. Also Vorsicht!

DEFGHIJKABCD

Was Sie brauchen:

Einfarbiger Karton (z. B. Schuhkarton), verschiedene bunte Papierstreifen, Moosgummi-Fächer, Mikado-Stäbe, verschiedene Motiv-Locher, Heißkleber, Klebestift

Was Sie brauchen:

Einfarbigen Karton, (z. B. Schuhkarton), Papierstreifen, 2 Kartoffeln, ein Stempelkissen oder Farbe, Spielwürfel, bunte Pfeifenreiniger, Heißkleber, Klebestift

Selbst gemacht: Geschenkpapier

1. Die Papierstreifen mit den verschiedenen Motiv-Lochern lochen und auf und um den Karton kleben.
2. Die ausgestanzten Motive dekorativ auf den Karton kleben.
3. Die Mikado-Stäbe durch die Moosgummi-Fächer ziehen und alles nacheinander mit Heißkleber befestigen.

1. Die Kartoffeln halbieren und in die Oberfläche ein Motiv schneiden. Karoffel in Stempelkissen oder Farbe tauchen und die Papierstreifen mit Kartoffeldruck bestempeln.
2. Nach dem Trocknen die Streifen auf den Karton kleben.
3. Die Pfeifenreiniger zu Spiralen drehen (z.B. über einen dicken Filzstift) und 3 davon mit dem Ende in die Papierstreifen auf dem Deckel einschieben. 1 quer über den Deckel legen und mit Heißkleber fixieren.
4. Spielwürfel auf dem Geschenk verteilen und mit Heißkleber befestigen.

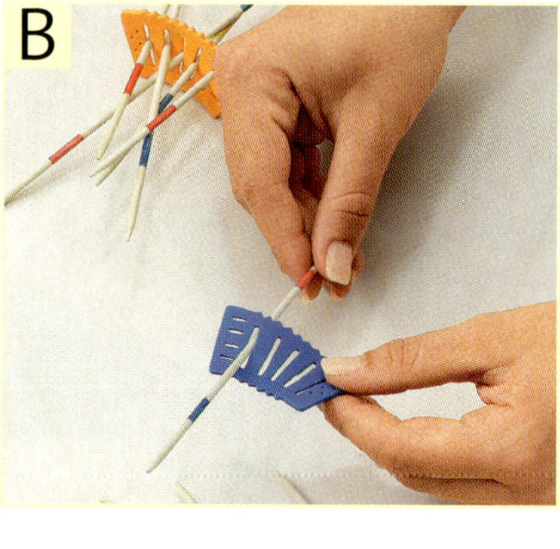

Was Sie brauchen:

Buntes Käfer-Glückspapier, grünes Papier, rotes Schleifenband, 3 Glückskäfer (Bastelladen), Klebe-Set „Viel Glück", Heißkleber, Schere

Was Sie brauchen:

Fertige Käfer-Geschenktüte (Schreibwarengeschäft), grünes Papier, rotes Papier, rotes Schleifenband, Kleeblatt (Vorlage), Klebe-Set „Viel Glück", Schere, Heißkleber

Glück gehabt

1. Das Geschenk mit dem Glückspapier einpacken. Von dem grünem Papier einen breiten Streifen abschneiden.
2. Den Streifen auf die Vorderseite legen und die Kanten ca. 2 cm nach innen falten. Das geht am besten, wenn Sie beide Handflächen in der Mitte anlegen und sie dann nach links und rechts über den Papierstreifen ziehen. Dadurch wird der Paperstreifen automatisch so gefaltet, dass er gerade wird. Den Papierstreifen auf das Geschenk kleben.
3. Aus dem Schleifenband eine einfache Schleife binden und auf den grünen Papierstreifen kleben.
4. Die Käfer aufkleben und das Ganze mit der Schrift „Viel Glück" aus dem Klebe-Set vollenden.

1. Die Tüte mit einer einfachen roten Schleife an der oberen Kante versehen.
2. Das Kleeblatt (Vorlage siehe Seite 90) auf das grüne Papier kopieren, ausschneiden und mit der Schrift „Viel Glück" aus dem Klebe-Set an allen vier Ecken bekleben. Das fertige Kleeblatt auf die Tüte kleben.
3. Bei dem grünen und roten Papier jeweils an einer Seite Zacken ausschneiden. Das geschnittene Papier dann in die Tüte stecken, sodass die Papierzacken oben aus der Tüte herausschauen.

Viel Glück

Originelle und ausgefallene Verpackungen

Was Sie brauchen:

Herzdose aus Plastik, Herzpailletten, Federn, 1 Bogen Seidenpapier, Schleifenband, Zwirbelband, Klebestift, Alleskleber, Schere, Fransenschneider

Was Sie brauchen:

Runde Pappschachtel, Blumenpailletten, Paillettenband, Federn, 6 Perlen, 1 Scoubidouband, Zwirbelband, Fransenschneider, Klebefilm, Schere

Edler Look

1. Auf den Deckel der Dose mit Alleskleber ein großes und ein kleines Herz zeichnen. Dann die Pailletten darüber streuen und trocknen lassen.
2. Schleifenband um die Dose binden, mit einer Schleife schließen. Darauf ein Stück Zwirbelband anknoten, mit dem Fransenschneider teilen.
3. Das Schleifenband der Länge nach mit Klebstoff bestreichen und Pailletten darauf verteilen, trocknen lassen. Die überschüssigen Pailletten von Deckel und Dose abschütteln.
4. Federn in die Schleife stecken, die Dose mit Seidenpapier auskleiden.

1. Das Paillettenband teilen und über Kreuz vom Deckel zum Boden legen, die 4 Enden am Boden festkleben.
2. Die Blumen-Pailletten am Deckel und an der Seite aufkleben. 6 Perlen auf ein Scoubidouband ziehen und die Enden verknoten. Die Perlen so verteilen, dass sich auf jeder Seite 3 Perlen befinden, dann in der Mitte des Bandes eine Schlaufe binden und diese in der Mitte des Deckels befestigen.
3. Das Zwirbelband bündeln und mit dem Fransenschneider teilen. Das Bündel unter das überkreuzte Paillettenband legen. Dann die Federn hineinstecken.
4. Zum Schluss noch Federn in die jeweils letzte Perle stecken.

Was Sie brauchen:

Lange schmale Blechdose, Federnband (Kurzwaren), Zwirbelband, Fransenschneider, Schere

1. Das Federband in die Blechdose legen, das Geschenk hineinlegen und die Dose 4 mal mit Zwirbelband verschließen.
2. Das Zwirbelband mit dem Fransenschneider teilen und zurecht zupfen.

Was Sie brauchen:

Alufolie, breites goldfarbenes Band, Handschellen (Dekoladen), Kupfer-, Silber-, Gold-Draht, doppelseitiges Klebeband, Schere, Drahtschere, Klebefilm, Textilkleber

Was Sie brauchen:

Alufolie, breites goldfarbenes Band, Eisenkette (Baumarkt), kleines Vorhängeschloss, Drahtgeflecht, Kupfer-, Silber-, Gold-Draht, doppelseitiges Klebeband, Klebefilm, Schere

Hinter Gittern

1. Das Geschenk in Alufolie wickeln und diese gut festkleben. Das breite Band einmal um das Geschenk wickeln und festkleben.
2. Darauf die Handschellen legen und mit doppelseitigem Klebeband fixieren.
3. Das Paket mit dem dünnen Kupferdraht umwickleln, dabei die Handschellen mit einarbeiten, damit sie später nicht verrutschen. Gold- und Silberdraht dazu drapieren.

1. Das Geschenk mit Alufolie umwickeln und diese gut festkleben. Ein Stück breites Band quer über den Deckel kleben und etwa 15 cm vor Ende des Bandes mit doppelseitigem Klebeband fixieren.
2. Das Drahtgeflecht über das Band legen.
3. Die Eisenkette um das Geschenk wickeln und mit dem Vorhängeschloss verschließen.
4. Das ganze Paket mit dünnem Kupferdraht umwickeln. Gold- und Silberdraht dazu drapieren.

Tipp: Den Schlüssel für das Vorhängeschloss schenken Sie in einer extra Verpackung.

Was Sie brauchen:

Moosgummi in Orange und Grün (30 cm x 34 cm), Reste Moosgummi in Gelb, Scoubidoubänder, Moosgummi-Instrumente (Deko), Heißkleber, Locher oder Lederzange, Zackenschere

Was Sie brauchen:

Moosgummi in Gelb (18 cm x 18 cm), Scoubidoubänder, Reste Moosgummi in Blau, Grün, Rot, Heißkleber, Locher, Zackenschere

Modischer Look in Gummi

1. Das Moosgummi in Orange falten und an jeder Seite 4 mal lochen.
2. Je 2 Scoubidoubänder pro Loch durchziehen und verknoten.
3. Aus grünem Moosgummi 2 Streifen (ca. 3 cm x 30 cm) zuschneiden. Mit Heißkleber die Henkel an der Vorder- und Rückseite der Tasche ankleben.
4. Mit der Zackenschere aus dem gelben Moosgummi Dreiecke schneiden und auf die Enden der Henkel kleben.
5. Die Vorderseite der Tasche mit den Moosgummi-Instrumenten dekorieren.

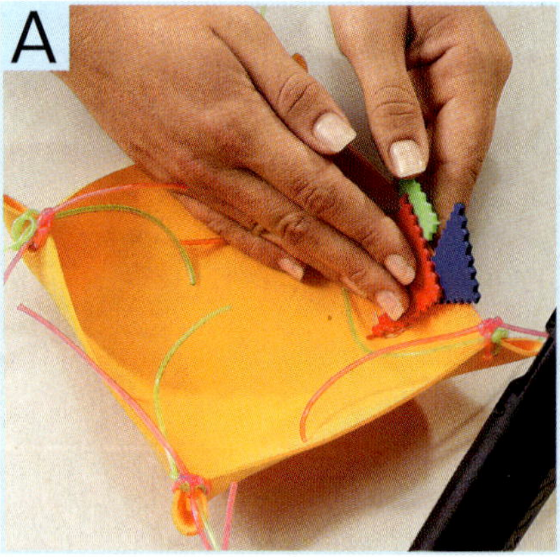

1. Das Moosgummi an allen 4 Ecken knicken, lochen und mit je 2 Scoubidoubändern verknoten.
2. Mit der Zackenschere 3 Moosgummi- Dreiecke ausschneiden und an einer Ecke in der Innenseite ankleben.
3. Für den Stiftehalter einen kleinen Streifen Moosgummi in Blau an beiden Enden lochen und ebenfalls mit 2 Scoubidoubändern verknoten.

Was Sie brauchen:

Wolle in Pink oder Puppenpullover, Rundstricknadel, 1 Perle, Wollreste

Was Sie brauchen:

Schwarze Wolle oder Puppenpullover, 2 kleine Stricknadeln, 1 Reissverschluss, 6 – 8 cm, Nähgarn und Nadel

BESTRICKEND SCHÖN

1. Einen Pullover stricken: Vorder- und Rückenteile: je 15 cm x 15 cm; Ärmel: Breite 6 cm, Länge 13 cm; Bündchen: 13 cm.
2. Den Pullover über das Geschenk ziehen und mitWollresten festbinden.
3. Die Perle auf die Rund-Stricknadel ziehen und die Nadel in den Pullover stecken.

1. Den Pullover im rechts-links-Muster stricken: Vorder- und Rückenteil mit je 15 cm Breite x 15 cm Länge, die Ärmel sind 6 cm lang und 13 cm breit.
2. Auf der Vorderseite nach 7 cm eine Öffnung für den Reissverschluss einarbeiten und einen Kragen arbeiten.
3. Den Reissverschluss in den Kragen des Pullovers nähen.
4. Den Pullover über das Geschenk ziehen und die Stricknadeln in den Pullover stecken.

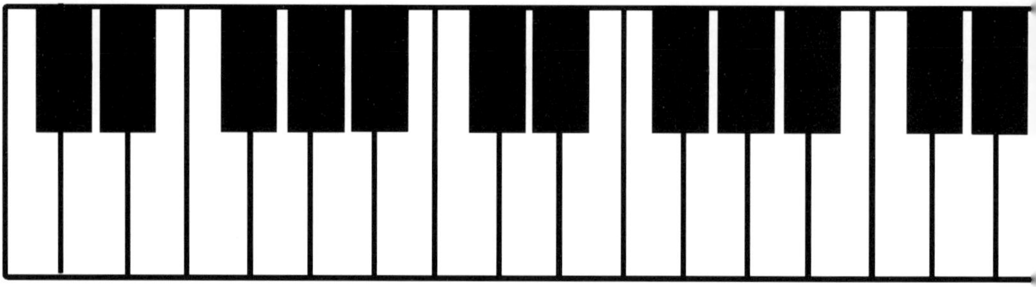

Seite 20/21
CD's: Klaviertasten

Seite 78–79
Glück gehabt
Kleeblatt

Seite 16–17
Bücher: Lupe

Seite 36–37 Führerschein

Seite 16–17 Bücher: Fragezeichenband

Seite 30/31 Geburtstag

Seite 28/29
Taufe/Geburt
"Felix" Namensschild

Seite 48–49
Genesung
Kreuz

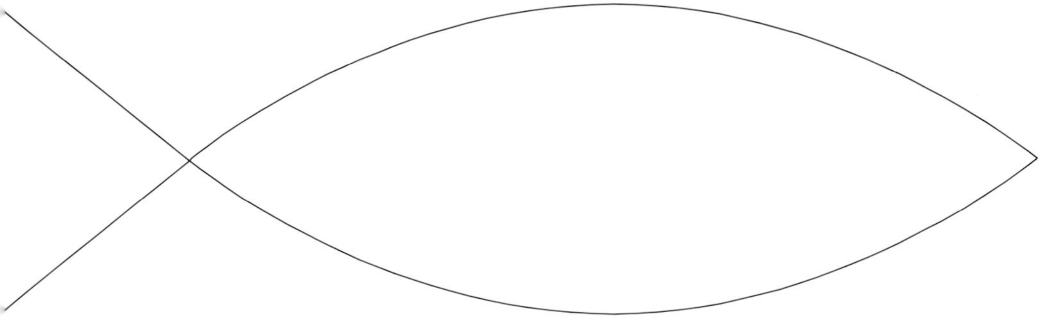

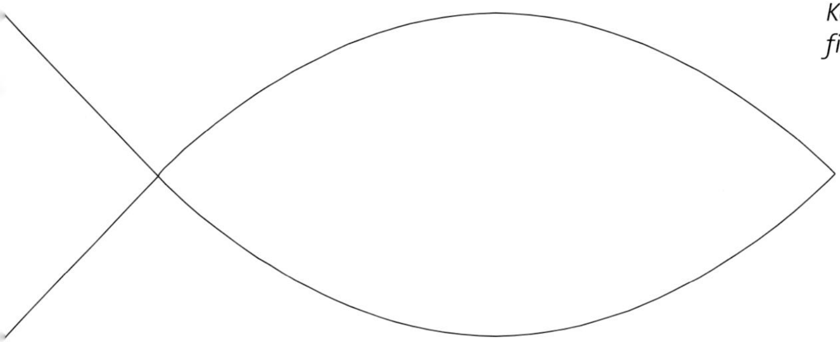

Seite 32–33
Kommunion/Konfirmation

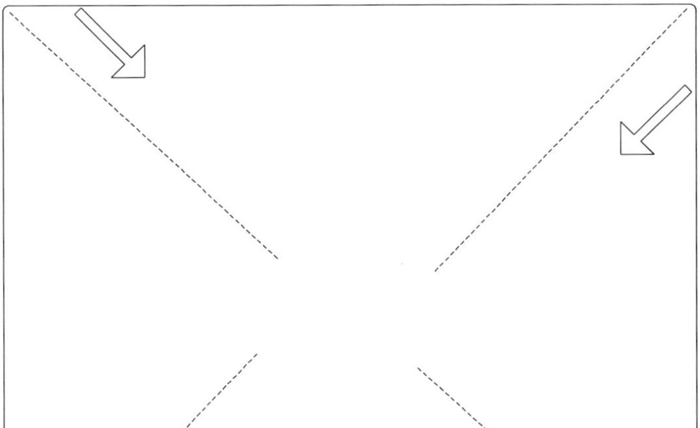

Seite 72–73
Kindergeburtstag
Windrad

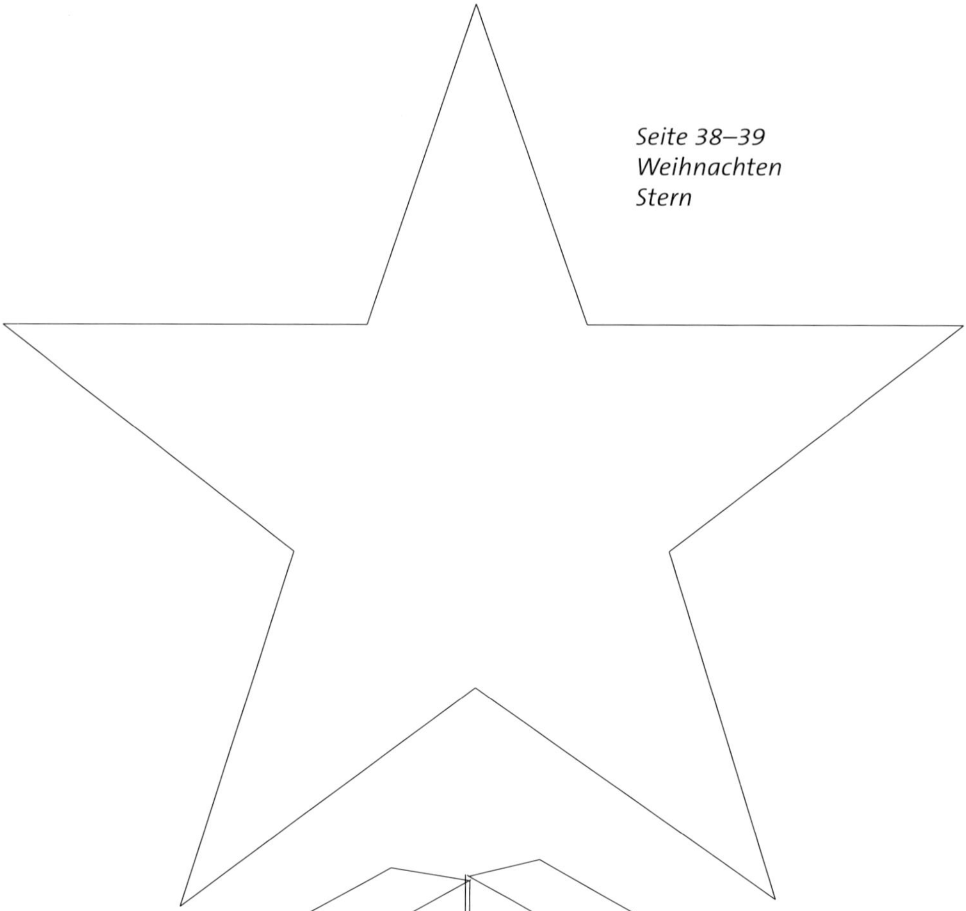

Seite 38–39
Weihnachten
Stern

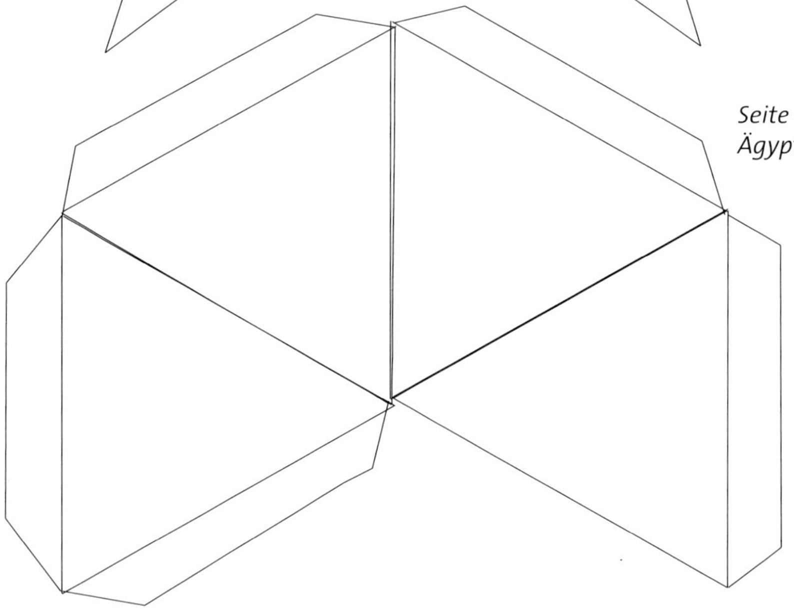

Seite 46–47
Ägypten: Pyramide

Seite 40–41
Ostern
Eierdruck

Seite 38–39
Weihnachten
Weihnachtsbaum

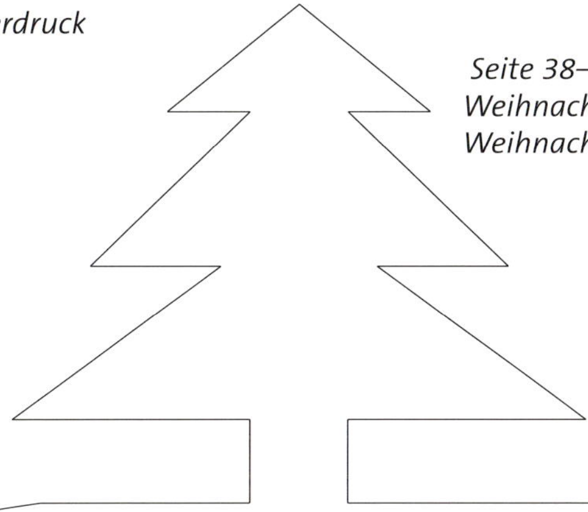

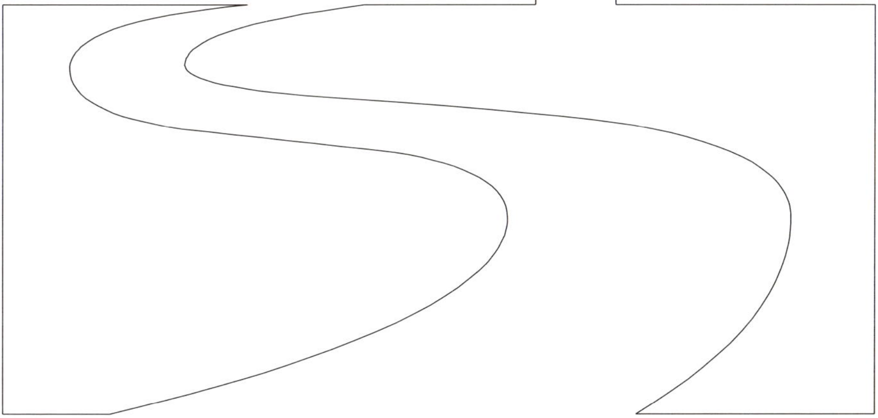

Seite 48–49
Genesung
Herz

Seite 68–69
Pinguin

Bauch weiß

Flügel schwarz
2x ausschneiden

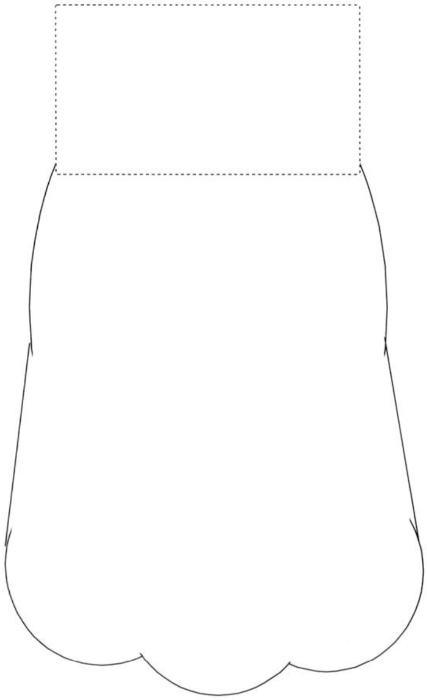

Füße gelb 2x ausschneiden

Schnabel rot

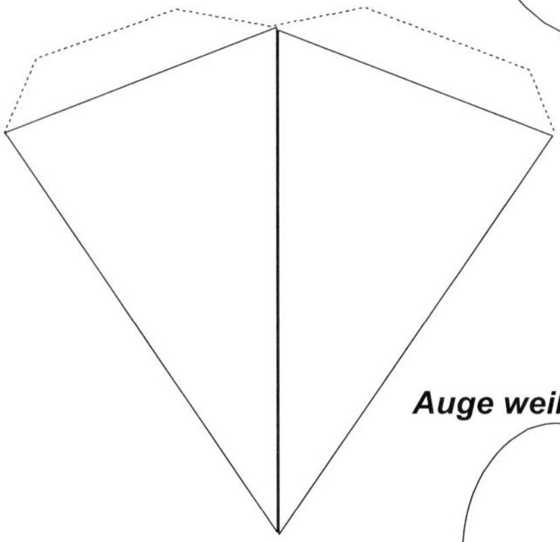

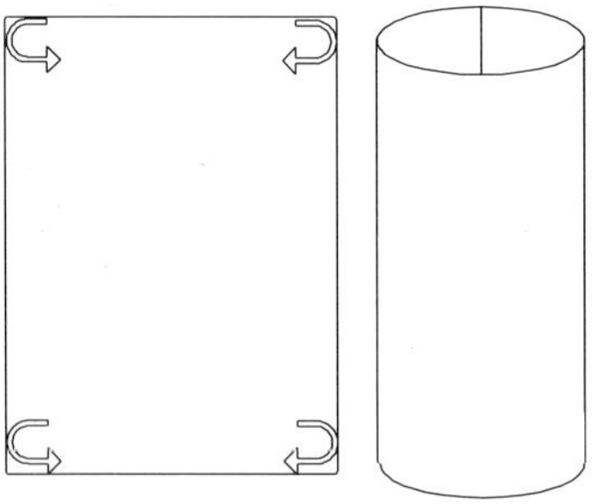

Auge weiß 2x ausschneid

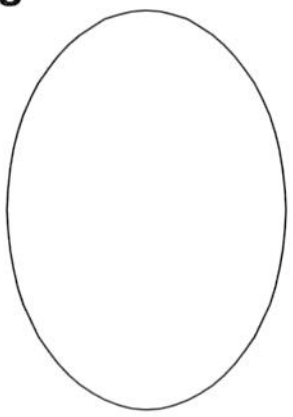

Pupille schwarz 2x ausschneiden